A. DE BOUCHERVILLE

~❦~

LES RICHESSES
du Pauvre

Esurientes replevit bonis.

AVIGNON
AUBANEL FRÈRES, LIBRAIRES-ÉDITEURS
IMPRIMEURS DE N. S. P. LE PAPE.

AVERTISSEMENT

Les pages qui suivent ont paru d'abord sous forme d'articles dans le journal la Croix, que je dirige à l'île Maurice.

Les bienveillants éditeurs ayant pensé qu'elles pourraient faire du bien dans une sphère beaucoup plus étendue, je ne puis hésiter à solliciter pour elles l'indulgence du public.

A. DE BOUCHERVILLE,
Directeur de la Croix.

Port-Louis, Maurice, 3 janvier 1916.

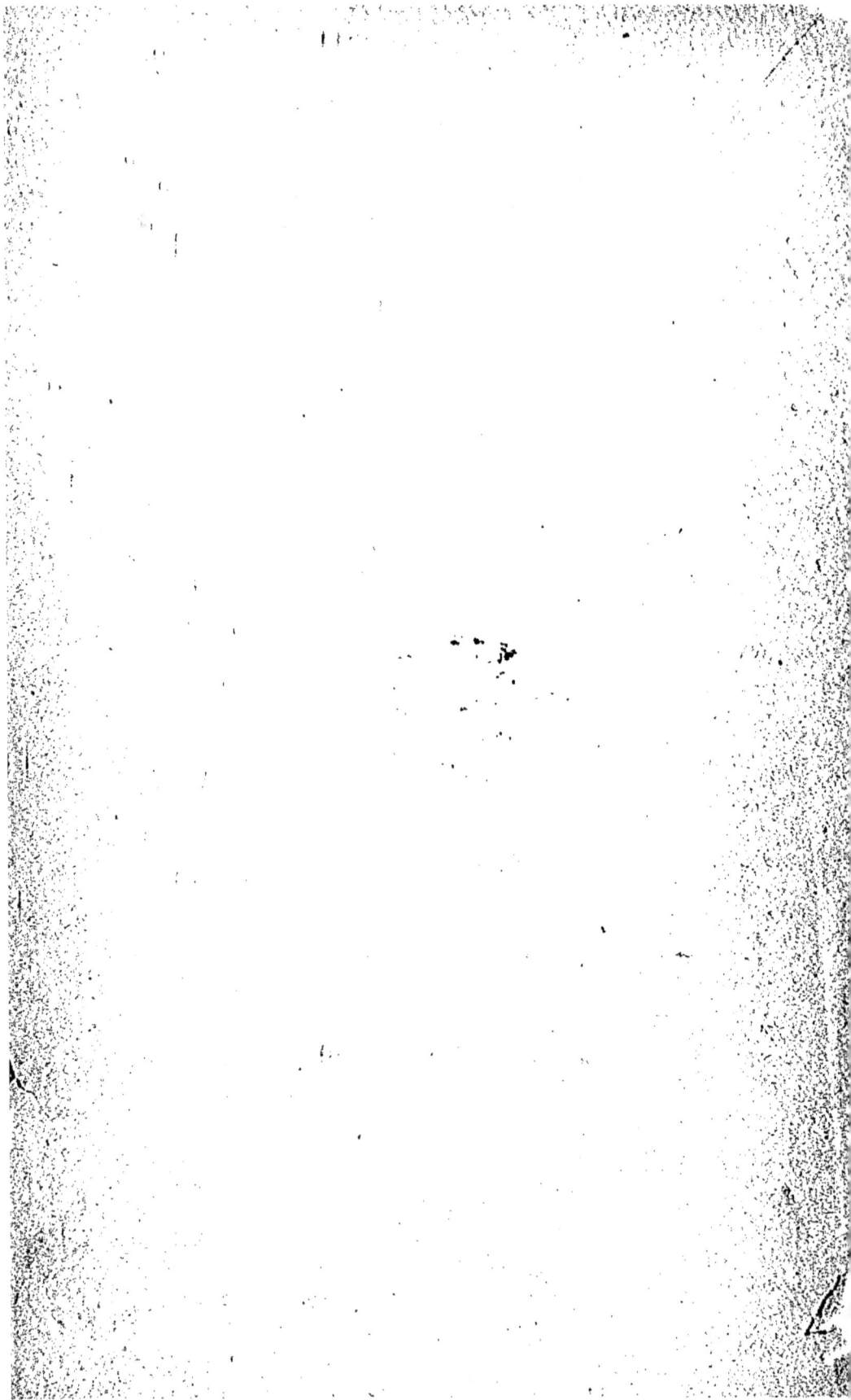

Les Richesses du Pauvre

LES

Richesses

du Pauvre

AVIGNON
AUBANEL FRÈRES, LIBRAIRES-ÉDITEURS
Imprimeurs de N. S. P. le Pape.

LES RICHESSES DU PAUVRE

I

Dans le concert des plaintes humaines, l'une des notes qui dominent est celle-ci : Pourquoi tout aux uns, rien aux autres ? Pourquoi ceux-là ont en abondance les richesses, à satiété les jouissances, et ceux-ci sont privés de tout ? S'il existe un Dieu, ordonnateur souverain de ce qu'il a créé, il doit être juste et bon : comment permet-il, maintient-il une inégalité d'autant plus révoltante que souvent ce sont les méchants qui sont favorisés, et les bons qui sont accablés de maux ?

Envisagé ainsi, le problème est angoissant. Les hommes, les classes, les peuples s'agitent et se heurtent entre les deux grandes solutions que proposent de lui apporter, de deux côtés opposés, la Religion et le Socialisme.

La Religion dit : La vie n'est pas la vie. La terre n'est qu'un lieu d'épreuve, de passage. Le temps est insignifiant en regard de l'éternité. Nous quitterons ce monde pour un autre où la justice sera parfaite, où chacun sera récompensé ou puni selon ses œuvres. N'attachons donc aucun prix aux choses d'ici-bas et rendons-nous dignes du ciel.

Le Socialisme répond : Nous ne nous payons pas de vains rêves, et nous ne sacrifierons pas les biens réels à ceux imaginés par les mystiques. La terre est belle, la vie doit être bonne et le fait que le petit nombre seul profite en face de la masse qui souffre est dû à l'injustice et au despotisme organisés par les forts et les puissants. Détruisons cette organisation, faisons une

société nouvelle et chacun aura une juste
part des biens sans lesquels aucun bonheur
n'est possible.

C'est en vain que les Etats fondés sur les
droits individuels de propriété, d'hérédité
et autres multiplieraient les forces défensi-
ves et répressives pour résister à la poussée
du socialisme si la solution religieuse
n'était plus acceptée, si le travail qui se fait
pour enlever aux âmes la croyance en
Dieu et à l'immortalité atteignait son but.
S'il n'y a pas de ciel et si la mort est la fin
de tout, les socialistes mettent des passions
irrésistibles au service d'une logique irré-
futable et leur victoire n'est qu'une question
de temps.

Seulement, lorsqu'ils contempleront les
ruines qu'ils auront faites, ils s'apercevront
que c'est eux qui poursuivaient un vain
rêve et qui sont victimes d'une illusion et
qu'en enlevant les freins moraux, en déchaî-
nant les convoitises, ils ont rendu la terre
inhabitable.

Notre dessein n'est pas de combattre la
thèse socialiste, non plus que de développer
la thèse religieuse. Nous prêcherions, en
général, à des convertis. Seulement nous

avons remarqué que, tout en acceptant celle-ci et en repoussant l'autre comme solution du problème dont nous avons commencé par poser les termes, beaucoup de chrétiens n'apprécient pas à leur juste valeur de vrais biens qui sont à leur portée et se laissent absorber par la poursuite d'autres qu'ils n'atteignent pas ou dont la possession ne leur donne pas le bonheur qu'ils espéraient. Comme il résulte de cette erreur que l'on est plus malheureux ou que l'on n'est pas aussi heureux qu'on le devrait, nous voudrions esquisser un inventaire des richesses qu'un Dieu infiniment bon met à la disposition de tous les hommes et en particulier de ceux qu'il éclaire de sa lumière.

Les pauvres, les humbles qui ne sont pas pourvus de biens dont l'âpre dispute se poursuit sous leurs yeux et dont la privation peut-être les désole ou les irrite, se consoleraient et s'apaiseraient s'ils connaissaient le prix de ce qu'ils possèdent. Et les puissants éviteraient l'avarice et l'orgueil, seraient, comme le veut l'Evangile, *pauperes spiritu*, s'ils sentaient l'inanité et la fragilité de ce que le monde leur envie. Ils se rapprocheraient des malheureux qui leur paraissent si loin au-dessous d'eux et qui souvent possèdent ce que ni l'or, ni le pouvoir ne peut procurer.

Afin que cet inventaire se poursuive avec ordre, nous diviserons les biens en trois classes, biens naturels, biens intellectuels, biens spirituels.

II

Peut-être le titre de ces entretiens a-t-il fait naître sur les lèvres de ceux de nos lecteurs qui luttent péniblement pour vivre ou pour ne pas mourir, un sourire quelque peu amer. Il est commode, murmurent-ils, pour celui qui a son pain sur la planche, d'imaginer que les sans-le-sou possèdent des biens variés, dont il se prépare à nous tracer le tableau enchanteur. Mais vraiment s'il était à notre place, il serait peu disposé à faire de la philosophie... et de la littérature !

On doit toujours s'attendre, en ce bas monde, à ce que ceux à qui l'on désire

faire du bien commencent par mal vous
recevoir. Aussi, loin de nous fâcher, nous
reconnaîtrons qu'il y a du vrai dans ces
réflexions maussades, et nous en profite-
rons pour prévenir un malentendu.

Par pauvreté nous n'entendons pas la
misère. La pauvreté est bonne, est belle,
et l'aimer avec passion a été le privilège
de grands saints, tels que François d'Assise,
et de légions de leurs disciples. La misère
est atroce, elle ne devrait pas exister dans
une société chrétienne et civilisée.

Celui qui n'avait pas une pierre pour
reposer sa tête ne voulait pas que la multitude souffrît de la faim ; et ce n'est pas à la
misère, méritée ou imméritée, qu'il a
attaché une des béatitudes, mais à la pauvreté d'esprit, au détachement. Il y a des
riches qui se sanctifient, comme des men-
diants qui se perdent par l'avarice et la
convoitise.

Le danger d'être possédé par ce dont
on devrait être le possesseur souverain,
d'avoir pour maître l'argent qui doit être
un serviteur docile, est si grand, cependant,
que Notre-Seigneur a montré par une image
alarmante la difficulté pour le riche de

s'élever à la vie céleste, difficulté qui serait une impossibilité si la grâce de Dieu ne permettait à l'homme qui l'obtient de s'élever au-dessus des sentiments naturels. Aussi a-t-il conseillé à ceux qui veulent être parfaits de se dépouiller complètement de leurs biens, d'imiter sa pauvreté volontaire.

Dès les premiers jours du christianisme, cet avis a été suivi. Les premiers disciples avaient tout en commun. Mais l'Eglise se refusant à transformer en loi ce qui n'était qu'un conseil, le renoncement à la propriété personnelle est devenu depuis le privilège des chrétiens qui visent à trouver la perfection dans la vie religieuse, collective ou isolée.

Des congrégations peuvent être millionnaires, mais leurs membres ne possèdent rien en propre, et au sein d'édifices magnifiques, ils n'ont qu'une cellule étroite et nue, ne prennent que les aliments indispensables et ne portent que des vêtements de bure, pénibles en été, insuffisants en hiver. Leur richesse leur sert à secourir les indigents et à être la providence du pays qui les entoure, comme l'étaient les

Chartreux dans le Dauphiné, avant d'être
expulsés.

S'il n'y avait pas dans la pauvreté une
beauté secrète, un irrésistible attrait, est-ce
que depuis dix-neuf siècles on verrait, en
foule innombrable, des hommes, des fem-
mes nés dans l'opulence ou aptes à l'acquérir, renoncer à tout pour embrasser la
sainte pauvreté et contracter avec elle une
union indissoluble?

Cette vocation étonnante, incompréhen-
sible au point de vue humain est le meilleur
adoucissement apporté par la Providence
au mal de la pauvreté, de la misère non
voulue, mal devenu, chez les peuples les
plus orgueilleux de leur prospérité, une
maladie chronique, le paupérisme.

Le remède ou, si l'on veut, le palliatif,
est à la fois d'ordre moral et d'ordre économique.

Au point de vue moral, la vocation dont
la pauvreté est l'objet lui enlève le caractère humiliant, dégradant que le monde est
disposé à lui attribuer. Puisque de belles
âmes, de grands cœurs se sont épris d'elle,
c'est qu'elle ne diminue en rien la dignité
humaine. Au contraire il faut lui attribuer

une noblesse particulière, que rehausse la pratique, poussée au besoin jusqu'à l'héroïsme, de la vertu.

Au point de vue économique, cette vocation réduit le nombre de ceux qui, ambitionnant les biens terrestres, se les disputent avec âpreté, et n'en laissent rien aux faibles, incapables de rivaliser avec eux. Elle inspire à ceux qui ont peu la résignation, l'acceptation de leur sort, et invite les détenteurs de la richesse à en user avec sobriété, avec modération et à faire participer à leur abondance les déshérités de la vie.

Ainsi donc notre but n'est nullement de chercher à persuader aux miséreux qu'ils ont tort de se plaindre, mais de montrer que, pour combattre la misère, il n'est rien de tel que l'esprit de pauvreté, et que les pauvres ne seront plus malheureux lorsqu'ils sauront que les biens sont à leur portée.

III

Si un corps a été donné à l'homme et doté de cinq sens pour le mettre en communication avec le monde matériel, il ne saurait être contraire à l'ordre établi par le Créateur qu'une certaine part du bonheur terrestre soit puisée par nous au sein de la nature.

Voir, admirer le beau, écouter les harmonies, respirer les parfums, savourer les fruits, puiser dans l'équilibre parfait des forces et dans la satisfaction des besoins ce que l'on peut appeler la joie de vivre, n'a rien en soi que de légitime et ne saurait être condamné.

2

Les Livres saints nous montrent à la première page, Adam et Ève jouissant, dans la paix et l'innocence, des biens naturels, et nous annoncent, à la dernière, la résurrection des corps.

L'habitude de donner à la matière la lourdeur et la grossièreté pour attributs fait que cette perspective nous laisse froids.

Mais saint Paul, qui aspirait à être délivré de « son corps de mort », n'entendait sûrement pas le reprendre, et il nous a expliqué que nous renaîtrions à un nouveau mode de vie.

L'électricité est matière, et elle fait le tour du monde en quelques secondes. Le radium est matière et ses rayons traversent les corps opaques. Nous pouvons donc supposer que le corps des ressuscités sera léger, subtil, et ne connaîtra ni les obstacles ni les distances.

Nous sommes encore bien loin de cette transformation et nous avons perdu l'état primitif où une parfaite harmonie régnait, sous le regard de Dieu, entre l'homme et la nature.

La révolte de la volonté libre a bouleversé les rapports et remplacé l'ordre par le désordre. La jouissance paisible n'est plus possible, parce qu'à côté du beau, de la fleur parfumée, du fruit exquis, du chant ravissant, de la caresse enivrante, il y a le serpent séducteur, au venin mortel.

Vaincu à la première épreuve et châtié rigoureusement, l'homme a sa revanche à prendre, le paradis à reconquérir. Il n'y réussirait pas s'il ne s'appuyait que sur sa nature déchue, mais la Rédemption lui a rendu la force d'en haut et, quoique la lutte persiste toujours, que le mal se présente à tout instant à côté du bien, il a ce qu'il faut pour vaincre.

Telle était la condition de la vie humaine. Dans l'étape qu'elle parcourt entre le paradis perdu et le paradis retrouvé, nous devons modifier ce qui était vrai au point de vue de l'état primitif et ce qui le serait dans l'état parfait. Nos relations avec le monde matériel, l'emploi que nous faisons de nos sens ne sauraient résulter seulement de la correspondance dés dons de la nature à nos besoins ou à nos désirs. Nous devons les subordonner à une loi supérieure qui limite et règle la jouissance. Cette loi, nous

en trouvons l'expression à la fois dans le
Décalogue et dans l'Evangile.

Ceci étant reconnu, non seulement par
tout chrétien, mais par tout homme ayant
une conscience, nous demanderons au
pauvre ce qu'il y a à envier au riche au
point de vue de la possession et de l'usage
des biens naturels.

Les sens du riche ont-ils plus de finesse
et d'acuité? La lumière du jour éclaire-t-elle
pour lui des paysages cachés au commun
des mortels? Les fleurs rares qu'il a dans ses
serres ont-elles plus d'éclat, plus de parfum
que les fleurs des champs et des bois? Est-il
seul à entendre les concerts des oiseaux?
Sur sa table sont placés des mets plus
recherchés, des fruits plus savoureux, mais
la satiété lui a fait perdre l'appétit et
souvent la sollicitude du médecin qui veille
sur sa santé lui interdit d'y toucher. Lorsqu'il porte à ses lèvres la coupe remplie
d'un vin exquis, jouit-il autant que le
travailleur ou le voyageur fatigué qui se
rafraîchit le visage et se désaltère à la
source cristalline? S'il a pu choisir, entre
les plus belles, une compagne dont l'éclat,
dans les fêtes, flatte son orgueil, est-il plus

sûr de posséder son cœur que s'il était
ouvrier ou paysan ? Ses enfants sont char-
mants, mais des soins excessifs amolissent
leur constitution, et les maladies ont prise
sur eux, tandis que les enfants nés dans le
peuple s'endurcissent aux intempéries et
deviennent robustes.

L'éducation raffinée qu'il leur procure
suppléera-t-elle aux qualités et aux facultés
qui leur feraient défaut, et leur garantit-elle
qu'il ne le fera pas rougir et pleurer plus
tard ? Les riches ont beaucoup d'amis, mais
ils savent bien quel aimant les attire et les
retient, Si le pauvre n'en a pas, aucune
déception ne l'affligera, et s'il en a un, il
compte sur lui et ne sera pas trompé.

En résumé, les biens naturels sont donnés
à tous et sont précaires pour tous également
et il semble que mieux que le riche,
le pauvre est appelé à en jouir.

IV

Nous pensons avoir démontré que, au
point de vue des dons qui constituent
le bonheur naturel, les facultés physiques,
la santé, les affections, le pauvre n'est pas
plus mal partagé que le riche, et l'est même,
ou peut l'être mieux. Il s'agit pour lui de
savoir apprécier ces dons, d'en tirer les
joies dont ils sont la source, au lieu d'aspirer à d'autres biens qui lui sont inaccessibles.

La condition première, essentielle, commune également à tous les hommes, est
de jouir selon la loi, selon l'ordre. Toute
possession, toute appropriation qui ne

s'accomplirait pas dans la paix de la conscience serait fausse et trompeuse et ne laisserait après elle que déception et amertume.

A ce point de vue aussi, le pauvre possède sur le riche plus d'un avantage. Les capacités de jouir sont égales chez les deux, mais tandis que les objets y suffisent à peine chez l'un, elles les dépassent de beaucoup chez l'autre.

Il est plus facile au pauvre qu'au riche d'être sobre, modéré, vertueux. Il est beaucoup moins assiégé par les tentations et la nécessité du travail le préserve d'une dangereuse oisiveté.

Cela n'empêche pas sans doute qu'il y ait, d'une part, beaucoup d'intempérants et de gens vicieux dans le peuple et que l'on admire dans les classes supérieures des personnes et des familles exemplaires. L'explication serait : que la formation morale et intellectuelle fait souvent défaut aux pauvres et que le sentiment de leur dignité d'homme ne leur a pas été inculqué, tandis que ceux qui sont nés dans les rangs élevés bénéficient non seulement de l'éducation reçue, mais de traditions héréditaires et que le sentiment de la position qu'ils occupent les préserve de chutes qui seraient aussi honteuses que retentissantes.

Ces observations comparatives n'infirment donc nullement notre thèse. Elles font voir seulement la nécessité de s'occuper davantage de ceux qui sont nés dans une condition humble pour leur communiquer les idées et les forces qui les soutiendront et les feront avancer dans la voie où, tout aussi bien et même mieux que ceux dont ils envient le sort, ils peuvent trouver le bonheur.

Fortunatos nimium sua si bona norint... Apprenez, dirons-nous aux pauvres, la valeur des biens qui sont à votre portée. Ils ne sont pas le privilège des riches, et vous êtes soumis à la même loi qu'eux, au même Décalogue, au même Evangile; la même religion vous ouvre le même royaume de Dieu, qui commence dès ce monde. Qu'importe la position que vous occupez, le cadre qui l'entoure, puisque votre vocation, votre dignité réside dans votre âme immortelle, dont vous assurez plus facilement la destinée que si elle appartenait à un milliardaire ou à un souverain.

Dégagez-vous de là boue où s'enlisent vos pieds fatigués, relevez le front et regardez le ciel. Contemplez la nature et, si vous avez le cœur pur, vous verrez Dieu.

Les riches sont bientôt blasés sur les décorations féériques, les spectacles éblouissants que leur offrent les théâtres. Mais vous, vous lasserez-vous jamais de contempler les levers et les couchers de soleil, les paysages illuminés par l'astre du jour ou baignés de la douce clarté de l'astre de la nuit, les ciels étoilés, la mer toujours grandiose et changeant à tout instant selon les effets de la lumière et les ombres des nuages, les prairies verdoyantes, les moissons ondulant sous le souffle de la brise? Tout cela est à vous!

A vous aussi la montagne, dont d'un pas alerte vous gravissez les pentes et atteignez les sommets pour contempler les vastes horizons et les panoramas splendides.

A vous aussi la forêt, temple magnifique dont les colonnes soutiennent un dôme de feuillage, et où le vent donne l'accompagnement d'orgues mystérieuses aux chœurs

invisibles qui chantent et semblent prier.
A vous le fleuve, le torrent, la cascade, la
source dont vous admirez la force ou
regardez scintiller les perles et les diamants.

Vous n'avez rien, dites-vous, et pourtant
tout ce vaste domaine vous appartient. Il
vous appartient bien plus qu'à Crésus,
occupé dans son palais à compter son or,
à présider à des festins, à respirer l'encens
que des courtisans lui brûlent sous le nez
et à vivre d'une vie toute artificielle.

Telle est cependant la force de l'indivi-
dualisme que les quelques mètres carrés
où vous êtes chez vous vous sont plus
chers que les vastes étendues communes à
tous.

Voyageur sur la terre, il suffirait à
l'homme d'une tente pour l'abriter à l'heure
du repos. Mais son ambition est de posséder un « home », de fonder un foyer où il
se survivra en la personne de ses descen-
dants. Nous ne blâmons pas ce désir et
nous voudrions que le plus humble fût à
même de le réaliser.

Des lois et des institutions protectrices
peuvent mettre le prolétaire à même de
posséder au moins un abri stable. En tout

cas, le locataire qui s'acquitte régulière-
ment de ses obligations n'a pas à craindre
d'être évincé et il ne changera que pour
trouver mieux.

Nous allons maintenant suivre le pauvre
chez lui.

V

Le pauvre qui nous accueille nous dira peut-être en souriant que nous aurons vite achevé dans sa modeste demeure, l'inventaire de ses richesses. Mais il verra que ce n'est pas à la façon des notaires que nous procédons.

Nous lui demandons, comme luxe, l'ordre et la propreté. Il n'y a pas un sou de plus à dépenser pour cela, et ce sont des indices de santé morale en même temps que des garanties de santé physique.

Appelé ordinairement par son travail au dehors, l'homme ne peut guère s'assujettir aux détails minutieux que comporte

l'entretien d'une maison ou d'un apparte-
ment. C'est une des raisons pour lesquelles
il lui faut une compagne.

Tandis que l'intérêt et la vanité président souvent aux alliances contractées
entre les riches et que ceux qui s'unissent
pour la vie se connaissent à peine, les
pauvres s'épousent tout naïvement parce
qu'ils s'aiment. Le gars a ordinairement vu
grandir la jeune fille, il sait quelles sont
ses qualités et il la choisit surtout pour
celles qui feront d'elle une bonne ména-
gère et une bonne mère.

Voilà une première garantie de bonheur
domestique. Si la femme sait s'y prendre,
elle attirera et retiendra son mari au foyer,
lui évitera les mauvaises habitudes, les
fréquentations étrangères qui sont une
cause de dépense et l'aidera à régler son
budget sur la base des recettes régulières
et à faire une part à l'épargne.

A ce propos, que le ménage nous per-
mette un conseil. Il faut inscrire chaque
jour ce que l'on a reçu et dépensé et
examiner à la fin du mois si on est resté
dans les limites du budget et si certaines
économies n'auraient pas pu être réalisées.

La gêne et la misère sont souvent dues à un manque de méthode et à ce que le mari ne fait pas de sa compagne son ministre des finances en se contentant, lui, de faire de bonne politique, c'est-à-dire, d'être laborieux et sobre et de se donner de tout cœur à ses devoirs.

Les enfants, dit-on avec un peu d'ironie, sont la richesse du pauvre. Nous prenons, nous, le mot à la lettre, et faisons entrer cette richesse dans notre inventaire.

Bien qu'ils rendent plus ardue la difficulté de faire les deux bouts se nouer, les enfants, chez le pauvre, sont reçus avec joie, et nul ne songe à en limiter le nombre. Comme il n'y a pas d'intermédiaire, de serviteur, entre eux et leurs parents, l'affection mutuelle qui les unit est plus profonde, plus étroite.

Il appartient particulièrement à la mère de s'occuper de l'éducation, mais le père l'aidera et la soutiendra dans cette œuvre essentielle. Ce qu'ils ont de connaissances, ils le communiqueront graduellement et pourvoiront à l'instruction en envoyant les garçons et les filles dans des institutions bien choisies.

Il est naturel d'avoir de l'ambition pour ses enfants, mais ce serait un tort de fonder cette ambition sur des sentiments de vanité et d'orgueil.

La noble fierté est permise au pauvre de valoir par lui-même, si humble que soit son métier ou sa position, de valoir comme homme, comme citoyen, comme chrétien. Pourquoi ne transmettrait-il pas ce sentiment à ceux qui sont nés de lui?

Qu'un fils exceptionnellement doué s'élève plus haut, qu'une fille fasse un bon mariage, rien de mieux. Il suffit que d'une manière générale, le chef de famille apprenne à ses enfants à ennoblir ce qu'ils font, au lieu de leur mettre dans l'esprit qu'ils s'anobliront en changeant d'état.

Chez les pauvres aussi bien que chez les riches, les joies de la paternité et celles de la maternité sont accompagnées d'épreuves. Mais les peines et les chagrins sont peut-être moindres chez les premiers. Ils ne sentent pas aussi vivement et ils ont, pour élever leurs enfants, l'école de la vie simple et parfois dure, autrement salutaire que le milieu où ceux des riches sont si souvent « gâtés » et se gâtent.

Pour accomplir sa tâche, le pauvre a besoin de la santé. C'est là son capital, et il doit le conserver plus jalousement que si c'était de l'or. La maladie est un luxe, il doit le laisser aux riches, qui non seulement n'ont pas besoin de travailler mais sont à même de payer aisément les honoraires des médecins et les comptes des pharmaciens.

Sans doute, la maladie n'est pas toujours inévitable, mais quand ceux qui lui paient tribut veulent être sincères, ils sont ordinairement forcés d'avouer qu'elle est due à une imprudence ou à une négligence.

Le plus souvent la maladie est la suite d'une indisposition qui n'a pas été soignée. Que le pauvre se fasse donc une règle de considérer le moindre malaise comme un avertissement et de se traiter ou faire traiter en conséquence.

Il va sans dire qu'il devra s'imposer une bonne hygiène, observer une sobriété absolue, adopter pour ses repas des heures régulières, choisir les aliments qu'il s'assimile le mieux, s'octroyer le sommeil nécessaire et éviter le surmenage.

L'observation de ces principes s'étendra naturellement à toute la famille et une partie au moins des maux qui affligent l'existence seront évités.

Nous pensons avoir démontré que les pauvres jouissent ou peuvent jouir, autant et même mieux que les riches, des biens naturels. Nous allons passer aux biens intellectuels.

VI

Vous avez, nous dit-on, indiqué au pauvre le vaste domaine de la nature, comme lui appartenant aussi bien et même mieux qu'au riche; vous lui avez montré les joies du foyer comme étant faites aussi pour lui s'il sait se les procurer. C'est très bien; mais voici que vous prétendez le faire jouir des biens intellectuels. Si vous voulez parler du savant, du poète, de l'écrivain, né ou tombé dans la pauvreté, la démonstration sera facile; mais si vous continuez à soutenir une thèse générale, vous allez vous heurter à une impossibilité. Le pauvre est habituellement ignorant et les

joies de l'esprit ne sauraient être mises à sa
portée.

A cela nous répondrons d'abord que
l'ignorance devient de plus en plus une
exception. La plupart des pauvres savent
au moins lire, et cette clef leur ouvre
un vaste champ de connaissances. Au
surplus les mots « ignorant » et « illettré »
ne sont pas synonymes. Faites causer tel
homme du peuple qui n'a jamais été à
l'école et vous serez étonné des clartés
qu'il a sur beaucoup de choses, de l'intelligence avec laquelle il saisira ce que vous
lui direz. C'est avec profit qu'il écoutera
un discours ou une lecture qui lui serait
accessible.

Il n'en est pas moins désirable, sans
doute, que l'instruction, élémentaire au
moins, soit donnée à tous. Qu'ils l'aient
reçue ou non, les parents se feront un
devoir de la procurer à leurs enfants, et ils
veilleront surtout à ce qu'elle soit pratique,
à ce qu'elle apprenne à apprendre.

Si le chef de famille ne sait pas lire, il
profitera le plus tôt possible de la connaissance acquise par l'aîné de ses enfants, puis
par les autres, pour faire faire des lectures

à haute voix. De même qu'il n'est pas besoin d'être violoniste pour discerner qu'un artiste joue bien, l'illettré sera à même de reprendre l'élève qui ânonne, ou lit trop vite et sans expression. Puis il l'obligera à expliquer les mots et les phrases qu'il n'aurait pas compris, et la page lue sera un sujet de conversation pour toute la famille.

L'enfant sera moins disposé à se gonfler sottement de sa science naissante quand il constatera que ses parents et même ses aïeuls, sans avoir été à l'école, trouvent dans leur clair bon sens, dans leur expérience de la vie, des lumières qui ne lui étaient pas venues.

Les conditions sont meilleures encore lorsque le père ou la mère, ou tous deux, sont assez instruits pour contrôler l'enseignement scolaire et créent à leurs enfants un milieu propre à la culture et au développement de leurs facultés.

On se procure aujourd'hui des livres et des publications périodiques à si bon marché, que dans le budget le plus resserré une petite place peut et doit être faite pour le pain intellectuel.

Petit à petit une bibliothèque se formera et un journal, quotidien ou hebdomadaire, tiendra au courant du mouvement contemporain.

Si on avait l'esprit d'association, on s'entendrait pour mettre en commun ses modiques ressources et faire circuler dans un groupe livres, revues et journaux.

Il sera utile de consulter sur le choix à faire une personne sage et expérimentée. Non seulement il ne faut pas que du poison se glisse dans les aliments, mais il importe qu'ils soient à la fois substantiels et assimilables.

Le profit tiré des lectures ne doit pas être une satisfaction égoïste. Chacun en fera part d'abord dans le cercle de famille ou le groupe, signalant une idée, un fait digne d'attention, citant une belle pensée, un passage éloquent. Mais il faut aller plus loin et s'exercer à l'art de s'exprimer par la parole et l'écriture.

Il ne s'agit pas de faire des orateurs et des écrivains, bien que des vocations latentes puissent se révéler de cette manière, mais de s'habituer à se servir utilement de l'instrument que l'on possède.

Après la formation première qui a été décrite, on saura parler sa langue, causer, écrire une lettre banale. Mais que la conversation s'élève, qu'une discussion survienne, on cherchera en vain la forme à donner aux arguments qui viennent à l'esprit, et peut-être, sentant que l'on a raison et ne pouvant le prouver, arrivera-t-on à se fâcher. De même, lorsqu'il s'agira d'une rédaction sortant de l'ordinaire, on se trouvera dans un pénible embarras.

L'esprit, pour s'assouplir, pour acquérir de la force et de la grâce, a, comme le corps, besoin d'une gymnastique. Cette gymnastique, il la trouverait dans de petits cercles d'études qui se formeraient entre familles voisines.

VII

Les écoles d'enseignement mutuel et d'émulation qui, comme nous l'avons montré, seraient faciles à établir entre parents, amis, voisins, n'auraient pas pour objet de former des littérateurs ou des savants. Si quelque vocation cachée, quelque talent inné se développait grâce à un milieu favorable, on ne pourrait que s'en réjouir, mais cela viendrait par surcroît. Ce à quoi on viserait en toute simplicité, sans mettre en jeu les amours-propres, ce serait à s'encourager réciproquement à la culture de l'esprit, à la fréquentation des

bons auteurs, pour arriver à mieux parler
et à mieux écrire.

Quel avantage que de pouvoir, sans
effort et sans recherche, exprimer sa pensée
en termes corrects et justes ! On est homme
autant de fois que l'on sait parler de langues,
a dit quelqu'un. Il peut suffire au commun
des mortels d'être homme complètement,
en possédant bien sa langue maternelle.

C'est là la pierre de touche de la bonne
éducation; c'est là ce qui détermine le
niveau social. Ecoutez parler ces deux
messieurs : L'un est riche, mais se sert
d'un langage incorrect, trivial, grossier;
l'autre est pauvre et s'exprime cependant
avec aisance et en termes irréprochables.
N'est-ce pas celui-ci qui sera à vos yeux
le *gentleman,* l'homme comme il faut ?

On se donne parfois beaucoup de mal
pour gagner de l'argent, avec l'idée de se
hausser à un rang plus élevé; et cependant
si vous n'avez pas l'éducation voulue, les
gens que vous croyez égaler vous traitent
de parvenu. Restez pauvre et parlez aussi
bien et même mieux qu'eux : ils seront
forcés de vous estimer et de vous res-
pecter.

Si l'instruction première a été insuffi-
sante, si les âpres exigences du travail ne
laissent pas le loisir d'en combler les
lacunes, il est du moins loisible à chacun de
bannir de son langage les mots choquants,
les termes qui blessent à la fois l'oreille et
la délicatesse.

Cela se fait sans peine lorsqu'on en prend
l'habitude de bonne heure. Se corriger
quand on s'est accoutumé à parler grossiè-
rement est moins aisé, mais on y parvient
quand on le veut. L'exemple en cette
matière est contagieux, et, en se faisant du
bien à soi-même, on en fait aux autres.

Arriver à bien écrire est moins indispensable ; mais, pour les satisfactions qu'il
procure, c'est un art précieux. Comme il
se résume en ce précepte : Se servir de la
plume comme si on parlait, il est pour
ainsi dire tout acquis pour celui qui s'est
habitué à bien s'exprimer. Lorsqu'on n'a
pas suffisamment étudié le côté technique,
il suffit d'avoir sous la main une grammaire
et un dictionnaire et de savoir s'en servir.

Aujourd'hui que l'on voit s'expatrier
constamment des fils, des frères, des
époux, des fiancés et même des familles

entières, quelle consolation, quel réconfort de pouvoir entretenir avec ceux dont on est séparé ces relations qui permettent de se faire un moment l'illusion que l'on cause ensemble, cœur à cœur !

Afin d'avoir ou de donner cette joie, cela vaut la peine, n'est-ce pas ? de compléter par un effort persévérant l'instruction première.

Pas plus que les affections légitimes, les sentiments altruistes ne sont interdits au pauvre. Il peut, il doit s'intéresser, comme citoyen, comme chrétien, au bien des groupes des communautés dont il forme partie, la paroisse, le village, la ville, le corps professionnel, industriel ou agricole, la région, la nation. Chacune de ces collectivités réclame son concours, si humble qu'il soit, chacune d'elles est susceptible de décadence, de stagnation ou de progrès. Il peut lui suffire de regarder, d'observer pour savoir quel bien pourrait être fait, quel mal évité à l'une ou à l'autre. Eh bien! s'il sait se servir d'une plume, il se rendra utile en signalant un fait, en soumettant une idée, en suggérant une mesure. Il s'adressera à l'autorité compétente, si elle lui inspire confiance, ou bien il enverra une lettre, une note, un article au journal qui possède ses sympathies, qui représente ses principes et ses convictions.

En agissant ainsi, il remplit un rôle doublement utile. Il apporte sa pierre, son caillou, son grain de sable au travail de reconstruction, de reconstitution qui s'opère constamment dans toutes les parties du corps social; il s'associe à l'œuvre féconde de la Presse et prête, en particulier, à l'organe qu'il préfère un appui sympathique.

En contact direct avec les difficultés, en lutte avec les oppositions, les pauvres sont les premiers ouvriers des réformes et des progrès. Prendre conscience de leurs devoirs à cet égard, et les remplir courageusement, cela fait partie du bonheur austère qu'il est donné de goûter.

VIII

Nous avons particulièrement insisté sur les satisfactions que l'on se procure et les services qué l'on rend avec la plume, même en n'ayant qu'une instruction élémentaire, si on la perfectionne par l'étude personnelle.

C'est que l'instrument qui s'offre ainsi au développement intellectuel, est bien plus puissant que la faculté de lire.

La lecture est un acte passif, qui ne met guère en éveil que la mémoire et a bientôt dépassé ses capacités; et alors que l'on écrit surtout en vue d'un but utile, il arrive trop souvent qu'on ne lit que pour se récréer, se délasser. Ne parlons pas des malheureux qui se perdent dans la compagnie des mauvais livres, cela nous écarterait de notre sujet. Prenons le liseur honnête et chrétien, qui n'admet dans sa société intellectuelle que des auteurs respectables. Même là, il y a un choix à faire et une méthode à observer.

Ce que nous avons rappelé au sujet de l'alimentation du corps est également vrai de la nourriture de l'esprit. De même que ce n'est pas ce que l'on mange qui nourrit, mais ce que l'on s'assimile et que, à choisir les mets qui flattent le goût, au lieu de ceux qui se digèrent aisément, on se ruine la santé, il ne s'agit pas de beaucoup lire, en donnant la préférence à ce qui profite le plus à l'intelligence, au cœur, à l'âme.

Il y a dans les aptitudes et les inclinations intellectuelles une variété si grande qu'il n'est pas possible d'indiquer d'une manière générale le choix à faire. Beaucoup dépend de l'instruction acquise, de la carrière que l'on suit, du milieu où l'on se trouve, du loisir dont on dispose. Surtout il faut consulter une sorte d'instinct,

de vocation qui nous pousse vers tel ou
tel genre d'ouvrages ou d'études.

Pour celui-ci l'Histoire a un grand
charme. Il voudrait revivre les siècles
passés, suivre les grands peuples de leur
origine à leur apogée et à leur décadence,
connaître la vie des hommes illustres, voir
se succéder les horreurs de la guerre et les
triomphes de la paix et de la civilisation,
et chercher dans les événements accomplis
des enseignements pour l'avenir. Après
s'être fait une idée générale de l'Histoire du
monde, il fera bien de se restreindre, dans
un champ si vaste, à la partie qui l'intéres-
sera le plus. C'est ordinairement aux
annales de son pays et de sa race que l'on
s'attache avant tout.

Un autre ne voudra pas s'occuper du
passé et se passionnera pour les questions
actuelles, les conflits armés ou latents, les
combinaisons diplomatiques. A celui-là
il faut les revues, les journaux contempo-
rains, les livres du jour, émanant des
hommes d'Etat, des autorités militaires.

Un troisième a le goût des voyages; et
comme les moyens de s'y livrer lui man-
quent, il suit dans leurs récits les explora-

teurs à travers le monde, admire avec eux les beaux sites, les mouvements grandioses, se renseigne sur les mœurs et les coutumes des peuples, sur les progrès de la colonisation, les développements du commerce et de l'industrie. Des publications spéciales, des livres illustrés, permettent de s'initier à tout ce mouvement.

Ne me parlez pas de ce qui constamment passe et change, proteste tel autre. Le monde des idées seul nous offre le beau et le vrai d'une manière durable. La logique, la théodicée, la psychologie, la métaphysique et la philosophie en général, voilà ce que nous ne devons pas nous lasser d'approfondir. Nous sommes en effet mis ainsi en société avec les plus nobles esprits.

C'est le monde visible qui séduit certains, et ils se le partagent. Les uns étudient avec les physiciens et les chimistes les lois de la matière, les autres parcourent les cieux avec les astronomes, suivent les mouvements de l'atmosphère avec les météorologistes, scrutent l'histoire du globe avec les géologues, accompagnent les naturalistes à travers telle ou telle

classe des êtres créés. Les œuvres de
vulgarisation permettent à chacun de
recueillir au moins les fruits des sciences.

Qu'importe tout cela? s'écriera quelqu'un. Ce qui doit le plus intéresser
l'homme, c'est l'homme. L'étude des maux
dont il souffre, des moyens de conserver la
santé, des lois qui président à l'organisation
sociale, à l'organisation du travail, à la
production et à la distribution de la
richesse, les systèmes politiques et la
législation comparée des Etats, les métho-
des pédagogiques, voilà une série de
domaines dont la minime partie occuperait
utilement une vie entière.

Viennent maintenant ceux qui préfèrent
aux réalités les fictions, qui veulent laisser
emporter leur imagination sur les ailes de
la poésie, écouter le chant des poèmes, se
donner le spectacle des grands drames,
palpiter aux récits des romanciers.

Enfin, il est des esprits pour qui le plus
beau des monuments élevés par le génie
humain est celui où il s'est associé à la
révélation divine. Il s'appelle la théologie
catholique. Si on n'y pénètre pas, on peut
au moins l'admirer du dehors.

Telles sont les richesses qui s'offrent au plus humble et près desquelles des montagnes d'or et des collines de pierres précieuses ne seraient que de la vile matière.

Le seul embarras est d'y choisir ce qui, en nous profitant le mieux, sera le plus utile à autrui.

IX

Il y a deux manières de lire, et la nature nous fournit une comparaison qui nous aidera à les définir.

Il y a la manière du papillon, qui vole vers toute fleur qui l'attire, sans discerner entre les salutaires et les vénéneuses, et n'y cherche qu'une jouissance.

Il y a la manière de l'abeille, qui souvent recherche les moins brillantes pourvu qu'elles lui donnent le suc précieux dont elle fera son miel nourrissant et bienfaisant.

Les riches mondains, qui vivent une vie factice, et courent d'un plaisir à un autre,

pour satisfaire leur vanité ou tromper leur
ennui, font généralement comme le papillon et parcourent d'un œil distrait le
journal, la revue, le livre du jour, ne
s'arrêtant qu'à ce qui peut endormir leur
conscience, flatter leur sensualité ou cares-
ser leur orgueil. Ils ne veulent pas savoir
quel poison cache la douceur traîtresse.

L'humble ouvrier de la pensée voudra
imiter l'abeille et apporter à la ruche
humaine dont il fait partie tout ce qu'il
trouve de bon, de vrai et de beau au fond
des corolles qu'ont fait éclore au cours des
siècles l'étude, le génie ou la sainteté. Une
fois fixé le choix dont un goût inné évite
souvent l'embarras, il convient encore de
le restreindre et de viser, non à la quantité,
mais à la qualité.

Les sages redoutent l'homme d'un seul
livre. A s'identifier à une œuvre puissante,
on peut en effet arriver à faire passer en
soi une force de conviction et de caractère
qui rend l'individualité incompressible.

Mais ceci indique seulement qu'il faut
plutôt se concentrer que se disperser.

Pour bien juger il importe de comparer,
et, tout en donnant la préférence à ce qui

est excellent, on usera d'un prudent éclectisme. Le meilleur moyen de tirer de ses lectures un profit durable et d'en conserver le fruit, c'est de lire la plume à la main. Appliquant cette méthode même vers la fin de sa carrière, Montalembert écrivait : « Je m'imbibe de Le Play goutte à goutte. » N'est-il pas beau de voir un esprit d'une si puissante envergure se mettre pour ainsi dire à l'école d'un modeste sociologue ?

Bien souvent le pauvre ne peut avoir un livre qu'à l'emprunt. Copier tout ce qu'il y rencontre de remarquable ou d'intéressant lui prendrait trop de temps. Mais il sera bon qu'il en résume l'idée principale, qu'il y recueille les pensées maîtresses. Les cahiers qui se forment ainsi valent une bibliothèque et permettent plus tard de récupérer en quelques instants l'essence de livres dont la lecture a occupé des semaines et des mois. Si l'on devient publiciste, un index des sujets étudiés permettra de puiser là, au besoin, des idées et des citations.

Après avoir noté le passage qui frappe, il est bon d'y ajouter les réflexions qui viennent à l'esprit, les critiques ou les

développements qui n'auraient pas un
caractère banal. Ce que l'on écrit ainsi
spontanément et pour soi-même a souvent
plus de valeur que les pages laborieuse-
met élaborées pour le public. C'est en tout
cas un plaisir, après des années, de retrou-
ver d'anciens jalons sur le chemin par-
couru.

Les livres, surtout lorsque l'on sait ainsi
retirer des meilleurs ce qu'ils contiennent
d'essentiel, possèdent un attrait si captivant
qu'il faut se garder du danger de se laisser
absorber par eux. Puisque les plus beaux
ne sont pas ceux qui ont été puisés dans
d'autres livres, mais ceux dont les auteurs
se sont mis directement en présence de
l'homme, de la nature et de Dieu, nous
devons, nous aussi, chercher à remonter
aux sources, à contempler les réalités dont
nous n'avons vu que l'image et le reflet.

L'humanité telle qu'elle s'agite autour
de nous, est le sujet d'étude qui devrait
nous attirer le plus, et c'est probablement
celui dont nous nous inquiétons le moins.
La famille et les groupes hiérarchisés, les
métiers, les professions, les institutions,
réclament une sollicitude qui ne saurait.

être trop éclairée, et qui ne s'éclaire qu'au moyen d'observations constantes et multiples.

Et à côté s'ouvre le livre immense, inépuisable de la nature. Il dépasse nos capacités, mais nous pourrions au moins en parcourir les pages à notre portée.

Quelques indications, pour ces deux genres d'études, ne seront peut-être pas inutiles.

X

Les plus belles bibliothèques ne sont que des fragments tirés des deux grands livres qui s'ouvrent devant tout homme qui pense, l'humanité et la nature.

Ces deux livres, ayant Dieu pour auteur, ne sont bien lus que lorsqu'ils sont éclairés à la fois de la lumière de la raison et de celle de la révélation. Mais il faut commencer par les épeler, par constituer les mots dont l'ensemble permettra d'établir des faits et de formuler des vérités.

Pour la science sociale comme pour les sciences naturelles, la méthode la meilleure est celle de l'observation, la méthode expérimentale.

L'étude de la société s'élabore au moyen de monographies. On prend une famille, un village, une région, un métier, et on en examine à fond l'historique, l'état, l'évolution éventuelle, pour y distinguer les éléments bons et mauvais, ce qui peut nuire.

De tels travaux sont bien plus à la portée des hommes qui luttent et qui souffrent que des favorisés de la fortune. Seulement il faut qu'ils y apportent un entier désintéressement et une sincérité absolue.

Nous avons recommandé l'institution du budget et l'inscription régulière des recettes et dépenses. Ce sont là, pour une monographie, les sources les plus sûres.

Elles permettent d'étudier si le salaire ou le gain est proportionné aux besoins essentiels, si la gêne ou la misère résulte de son insuffisance ou d'une absence d'ordre, d'un défaut d'administration.

Rien ne saurait être plus intéressant et plus important pour les prolétaires que des recherches comparatives qui mènent à démontrer, ou que la rétribution est trop faible ou qu'elle n'est pas employée judicieusement. L'exposé de telles conclusions, fondées sur les faits, serait le meilleur moyen de prévenir les grèves.

Les monographies de communautés de métiers, d'industries agricoles ou manufacturières, de genres de commerce, offriraient un intérêt plus varié et plus général sur lequel il n'est pas besoin d'insister.

La rédaction d'une monographie n'est pas à la portée de tout le monde, mais il dépend de chacun de recueillir les éléments qui doivent être analysés et synthétisés. Il suffit pour cela d'observer, de voir ce qui est, et de le rapporter exactement. Cela semble bien simple et n'est pourtant pas facile à obtenir.

A part les travaux méthodiques, la documentation humaine que nous avons sous les yeux nous invite à collaborer à ce qui devrait être l'entreprise universelle : diminuer la quantité de souffrances, apporter à chaque mal un remède ou un palliatif,

procurer au prochain plus de bien-être,
de paix et de joie.

Ici le cœur s'associe au travail de l'esprit
et la récompense est si grande qu'il n'y a
pas à penser à la gratitude des obligés.

Le livre de la nature s'ouvre tout grand
devant nous et la succession des saisons
comme celle des heures, les déplacements
qui nous font passer de la plaine à la
montagne, de la forêt aux champs, de
la terre ferme à l'onde mobile, nous
appellent sans cesse à en admirer de nou-
velles pages.

Le savoir que nous pouvons acquérir rend
notre admiration plus délicate et plus
profonde. Un ciel étoilé est pour tous un
beau spectacle, mais entre y contempler
une multitude de points brillants et voir en
chacun d'eux un monde ou un soleil autour
duquel des montagnes gravitent, il y a toute
la différence qui sépare le plaisir des yeux
des jouissances de l'âme.

De même les plantes qui se confondent
aux yeux du vulgaire révèlent au botaniste
une quantité d'espèces, de variétés qu'il se
plaît à nommer, et il est ravi quand il en

découvre une rare ou une nouvelle; le moindre caillou intéresse le géologue, l'insecte le plus insignifiant, le mollusque, le reptile, l'oiseau, l'animal indifférent à tous a du prix pour le naturaliste.

Dès l'enfance on peut s'intéresser à ce genre d'études et en augmenter l'attrait en collectionnant des échantillons de plantes, d'insectes, de coquillages, de minéraux.

Les instituteurs comme les parents devraient favoriser ce goût par la création de petits musées scolaires ou domestiques. En orientant la jeunesse dans cette direction, on lui procure des satisfactions saines et des occupations utiles, et on la préserve de l'oisiveté et de l'ennui.

Les applications de la science à l'agriculture, à l'élevage, à l'industrie ouvrent aux esprits studieux des carrières plus pratiques, mais qui ne sont accessibles qu'au petit nombre, tandis que tout le monde peut être collectionneur.

Nous pensons avoir démontré que les biens d'ordre intellectuel, aussi bien que ceux d'ordre naturel, ne sont pas de ceux

qui s'achètent à prix d'or et font par consé-
quent partie des richesses du pauvre.

Mais il va peut-être nous être dit que les
jouissances esthétiques, dont les arts sont
la source, lui sont interdites. Nous répondrons à cela.

XI

LE bien, le vrai, sont à la portée du pauvre. Le beau serait-il le privilège des riches?

S'il était forcé de se contenter du beau dans la nature, il ne serait pas trop à plaindre, car nous ne croyons pas qu'aucune toile, aucun marbre, aucun monument, aucun décor puisse égaler les œuvres de la création et les spectacles qu'elles nous présentent. Tout le mérite de l'art est de nous les rappeler, et, vraiment, lorsqu'on est à même d'admirer le modèle, on peut se passer de la copie.

Cependant, il y a, dans cette imitation, le talent, le génie qui font honneur à l'homme, et les créations artistiques, en idéalisant le réel, en y ajoutant des conceptions de l'esprit et en élargissant le champ de ce que nous avons pu voir de nos yeux, procurent de vives satisfactions, dont il serait malheureux que le pauvre fût privé. Mais nous allons voir qu'elles ne lui sont pas inaccessibles.

D'abord, l'art n'est pas interdit au pauvre. La biographie des artistes les plus illustres nous les montre souvent luttant contre la misère. Le don d'en haut, la vocation peut être donnée au plus humble, alors que des professeurs habiles, largement payés, ne réussiront pas à la procurer à l'enfant riche.

Aujourd'hui, les concours, les bourses facilitent à l'enfant pauvre, s'il est vraiment doué, l'accès des hautes écoles. Mais ce sont là des exceptions, et nous avons surtout à nous occuper de la généralité.

Il n'y a aucun avantage à étudier un art si on ne s'y sent pas appelé. Taper sur un piano, mettre des couleurs sur une toile, pétrir de la terre glaise, ne fait pas que l'on soit musicien, peintre ou statuaire, et c'est un avantage d'être préservé par la pauvreté de ces talents de... désagrément.

Il n'est pas nécessaire d'être artiste pour apprécier les beaux-arts, et à cet égard aussi la nature ne favorise pas les riches plutôt que les pauvres. Dans toutes les classes et quelle que soit l'éducation, des personnes se rencontrent à qui la plus belle page musicale ou tout autre chef-d'œuvre artistique ne dira absolument rien, à côté d'autres qui en éprouveront un vrai ravissement.

Tout ce que l'on pourrait dire, c'est que les belles œuvres se prodiguent pour les riches, qui peuvent passer leur temps dans les concerts, les théâtres, les musées, et même posséder dans leurs châteaux et leurs palais ce qu'il y a de plus beau, tandis que les pauvres doivent se contenter de ce qui leur est accessible gratuitement.

Nous répondrons que le riche est bien blasé sur les jouissances esthétiques comme sur les autres, tandis que le pauvre qui sait les goûter les appréciera d'autant plus qu'elles sont un peu rares.

Au surplus, il n'est pas de centre civilisé
où les églises, les tableaux et les statues
qu'elles renferment, la musique qui s'y
joue, les monuments publics, les concerts
gratuits, n'offrent à tous des satisfactions
de cet ordre élevé, qui s'allient aux plaisirs
intellectuels ou s'y ajoutent.

Il peut être utile de faire remarquer à
ceux à qui nous nous adressons plus particulièrement qu'il y a à discerner, dans les
œuvres artistiques comme dans les œuvres
littéraires, celles qui font vibrer les fibres
supérieures de notre être de celles qui
flattent plutôt la sensualité. La différence
de l'impression causée par les uns et les
autres sera le meilleur guide du choix qui
s'impose à notre conscience.

Sans vouloir le moins du monde que
l'on écarte les arts profanes, qui ont pro-
duit d'irréprochables chefs-d'œuvre, nous
devons constater que c'est dans l'art religieux que l'union du vrai, du bien et du
beau a trouvé ses formes les plus parfaites,
les plus sublimes.

Il pourrait donc répondre suffisamment
au besoin d'idéalisation et d'admiration qui
se rencontre même chez les plus humbles.

La reconnaissance doit ajouter une généreuse impulsion aux attraits des divers arts qui se combinent pour rehausser la beauté du culte chrétien. C'est à l'Eglise, depuis qu'elle est sortie des catacombes, que le peuple, que les pauvres ont dû de se trouver comme chez eux au milieu des magnificences de l'architecture, de la peinture, de la sculpture, de la musique, et ravis par les suaves harmonies, l'éclat des lumières et des fleurs, le parfum de l'encens, d'oublier leurs peines dans une sorte d'avant-goût du ciel.

Nous allons voir que ce ne sont pas des illusions factices qui leur ont été offertes ainsi et qu'ils ont en partage les biens spirituels, non moins que les biens naturels et les biens intellectuels.

XII

Sı notre thèse a rencontré des incrédules lorsqu'il s'est agi des biens naturels et des biens intellectuels, nous osons croire qu'elle ne sera pas contestée en ce qui concerne les biens spirituels. A chaque page de l'Evangile, pour ainsi dire, la pauvreté est représentée comme la condition la plus favorable à la réception des faveurs divines.

Jésus n'est pas encore né que sa mère s'écrie déjà : « Le Tout-Puissant a exalté les humbles, a comblé de bienfaits ceux qui avaient faim et a renvoyé les riches les mains vides ! » (Luc I, 52, 53).

C'est à de pauvres bergers que les anges annoncent tout d'abord la naissance du Christ.

Comme signe de sa mission, le Messie fait savoir à Jean, le précurseur, que les pauvres sont évangélisés, que la bonne nouvelle de leur salut leur est communiquée.

Énumérant les béatitudes apportées du Ciel à la terre, Jésus place en premier rang celle née de la pauvreté : « Heureux les pauvres ! » (Luc VI, 20). « Heureux les pauvres en esprit ! » (Matth. V, 3), c'est-à-dire, observe Bossuet, non seulement les pauvres volontaires, mais tous ceux qui ont l'esprit détaché des biens de la terre, et aussi ceux qui sont effectivement dans la pauvreté, sans murmure et sans impatience.

Bien que n'étant pas condamnée, la richesse est présentée comme un obstacle tel qu'on ne peut le surmonter qu'avec l'aide de Dieu, qui rend possible ce que l'homme ne saurait faire par lui-même. (Matth. XIX, 2, 6; Marc X, 27).

« Malheur aux riches ! » (Luc VI, 24), terrible parole qu'explique cette vérité :

« On ne peut servir deux maîtres. »
(Matth. VI, 24).

Il convient de thésauriser, mais dans le
ciel, dans l'ordre des choses spirituelles,
où les trésors sont à l'abri de la rouille et
des voleurs. (Matth. VI, 19, 20).

Celui qui amasse pour lui-même ne
saurait être riche en Dieu. (Luc XII, 21).

Si celui qui a des biens veut devenir
parfait, le conseil lui est donné de se
dépouiller en faveur des pauvres de ce qu'il
possède. (Matth. XIX, 21 ; Marc X, 21).

Et quel tableau que celui du riche plongé
dans l'enfer, et demandant une goutte
d'eau au mendiant méprisé auquel il ne
jetait même pas les restes de sa table !
(Luc XVI, 20-31).

Ce n'est pas cependant que la pauvreté
soit bonne en elle-même, car elle a pour
remèdes, d'une part la Providence, de
l'autre la charité.

Nous devons nous garder d'une excessive
sollicitude, d'une inquiétude inconfiante
à l'égard de ce qui nous est nécessaire.

Le spectacle de la nature nous fait voir
que Dieu a soin de toutes ses créatures.
Comment ne pourvoirait-il pas aux besoins

de celles qui lui sont le plus chères et qui,
criant vers lui, lui donnent le doux nom de
Père ? (Luc XII, 22-34).

Oui, mais s'il est le Père commun, les
hommes sont frères, et il veut que, s'aimant
entre eux, ils soient les instruments de sa
Providence. Aux uns il donne abondam-
ment pour qu'ils aient soin de ceux qui ont
peu ou n'ont rien. Et pour vaincre l'égoïsme,
pour toucher les cœurs, le Dieu incarné
s'identifie aux malheureux. Tout ce qui
leur sera fait, tout le soulagement qui leur
sera donné, aura la même valeur que si
c'était lui qui avait été l'objet des œuvres
de miséricorde et recevra une récompense
magnifique et éternelle. (Matth. XXXV, 35-46).

Constatons enfin, d'après l'exemple du
denier de la veuve (Luc XXI, 2), que la
charité faite par le pauvre qui se prive du
nécessaire, a beaucoup plus de prix que
les dons prélevés par le riche sur son
superflu.

Si les paroles du Sauveur sont remplies
pour le pauvre de consolations et d'ineffables promesses, que dire de l'exemple
donné par toute sa vie ? Pour naître il ne
veut même pas d'une chaumière, il choisit

une grotte servant à loger des animaux et n'a pour berceau que leur mangeoire. Fils d'ouvrier, il apprend le métier de son père et gagne son pain à la sueur de son front. Sorti à trente ans de l'obscurité pour remplir sa mission, il vit en communauté avec ses disciples, des dons qu'on leur fait, de l'hospitalité qu'on leur accorde. Il ne possède rien, pas même, déclare-t-il, une pierre où il puisse reposer sa tête. Enfin, il subit, avant d'être cloué à la croix, un dépouillement si complet, qu'il ne lui reste pas un vêtement pour se couvrir.

Peut-on imaginer une prédication plus éloquente? Il ne tenait qu'à Jésus de posséder les royaumes de ce monde et leurs trésors : Satan les lui offrit. Puisqu'il a préféré l'humilité, l'indigence, le travail, le détachement de ce qui fait l'objet des convoitises de l'homme, ne nous montre-t-il pas ainsi la voie que nous devons suivre ?

Elle peut n'être pas matériellement la même, c'est surtout d'en comprendre l'esprit qu'il s'agit. Mais pour ceux qui se trouvent dans des conditions d'existence analogues à celles adoptées par le Christ, pour ceux qui ont, par les âpres chemins, à porter la croix à sa suite, n'est-ce pas un honneur de lui ressembler, et le devoir de l'imiter n'est-il pas rendu plus facile ?

Heureux les pauvres, car, privés des biens de la terre, ils ont le ciel en partage !

XIII

Heureux ceux qui ont l'esprit de pauvreté, car le royaume des cieux leur appartient !

En échange de biens périssables, de biens dont ceux qui les possèdent déclarent qu'ils ne leur procurent pas le bonheur et qu'ils sont plutôt pour eux la source d'inquiétudes et de tourments incessants, arriver à posséder un royaume, et quel royaume ! le royaume des cieux : quel magnifique avantage ! Et combien il est étonnant que si petit soit le nombre de ceux qui savent en profiter !

Que voulez-vous ! nous disent ceux que le Maître appelait des hommes de peu de foi. Nous sommes sur la terre, ses biens nous séduisent, ses maux nous effraient. Nous voyons quelles jouissances procure l'argent, nous constatons que sans lui on est méprisé, honni, persécuté ; et ce Ciel qui doit être le dédommagement de ceux qui ont souffert ici-bas, échappe à nos sens et même à notre raison. Ni les savants, ni les philosophes ne peuvent nous dire où il est, ce qu'il est. Sacrifier les réalités tangibles à des rêves mystiques, ne serait-ce pas un marché de dupes ?

La foi vient d'en haut, et nous ne saurions prétendre de la communiquer à celui qui ne la possède pas. Aussi, fidèle à la méthode de ne donner pour base à l'argumentation que les faits observés, ne parlerons-nous pas de l'au-delà, du Paradis où le Christ donnait rendez-vous au bon larron, du sein d'Abraham où le mauvais riche voyait Lazare glorifié, mais simplement du royaume qui existe en ce monde même dont le Divin Maître disait, à ceux qui l'écoutaient : Il est au-dedans de vous.

Oui, le ciel commence sur la terre et, toute espérance de vie future à part, le vrai bonheur est le partage, non de ceux qui poursuivent passionnément les biens de ce monde, mais de ceux qui savent s'en détacher.

Le premier fruit de la pauvreté, volontaire ou acceptée, c'est la paix. Il n'y en a pas pour le cupide, pour l'avare, pour l'envieux, le vaniteux, l'orgueilleux. S'il ne possède pas, il poursuivra avec une ardeur insatiable et par des moyens qui peut-être tourmenteront sa conscience, les objets de sa convoitise. S'il est riche, il voudra l'être toujours davantage ; l'inquiétude au sujet de ses spéculations, de ses entreprises, troublera son repos : tout insuccès, toute perte le désolera ; ses plaisirs, si déjà ils ne sont annihilés par la satiété, seront empoisonnés par les préoccupations ; et il ne connaîtra même pas le paisible sommeil où le prolétaire retrempe ses forces après un dur labeur.

La paix a pour compagne inséparable la satisfaction de la conscience. Plus on a de fortune, plus haute est la position que l'on occupe, plus les responsabilités sont lourdes et multiples.

Le riche qui a de la foi et de la piété éprouve le constant et pénible souci de se demander s'il remplit tous ses devoirs, s'il est assez charitable, si en refusant une aumône, un prêt, un secours quelconque, il n'a pas offensé Dieu. Les terribles avertissements de l'Evangile lui reviennent sans cesse à l'esprit et le cauchemar de faire passer un câble par le trou d'une aiguille hante son esprit.

Quant au riche qui essaie de faire taire au dedans de lui la voix impitoyable qui l'accuse d'avarice, d'égoïsme, de dureté, qui lui reproche peut-être même des injustices, sa tentative sera vaine. Il pourra s'étourdir au milieu du bruit du monde, mais survienne la maladie, un malheur, la perte d'un être cher, il sera terrassé et murmurera avec angoisse : c'est le châtiment... Jusqu'où ira la vengeance de Dieu que j'ai offensé ?

Le pauvre, ou le chrétien qui a l'esprit de pauvreté, n'est responsable que dans la mesure de la tâche modeste, du travail qui lui est assigné; et ses devoirs sont simples,

évidents, relativement faciles à remplir. Il
lui suffit d'être honnête, laborieux, de
comprendre ce que Dieu veut de lui et de
le faire pour avoir la conscience tranquille.

Lorsque la conscience est satisfaite, le
cœur et l'esprit sont en paix, la vie qui
passe s'harmonise avec les desseins éternels et le seul bonheur qu'il dépende de
nous de posséder ici-bas nous est assuré.

C'est sur la terre même et pour l'existence présente que se sont fait entendre les
voix du ciel annonçant que la paix serait
le partage des hommes de bonne volonté.
Elles n'ont promis aucun autre bien, laissé
entrevoir aucune autre joie. Etre placé ou
se placer dans les conditions où cette paix
est le mieux assurée, c'est donc le sort ou
le choix le meilleur. Le ciel commence
en ce monde pour ceux qui sont pauvres
en esprit.

C'est la première des béatitudes. Les
autres leur sont-elles accessibles ?

XIV

LA paix, avons-nous dit, est le seul bonheur vrai auquel nous puissions aspirer ici-bas et qui dépende de notre volonté, et la pauvreté, acceptée ou voulue, est le moyen le plus sûr de l'obtenir.

Elle a d'autres sources encore, énumérées dans le sermon sur la Montagne : la douceur, les larmes, la soif de la justice, l'esprit de miséricorde, la pureté du cœur, l'esprit de pacification, l'esprit de liberté, qui brave la persécution et le martyre.

Si ces sept autres conditions de la béatitude, de la vie éternelle qui commence ici-bas ne sont pas exclusivement le partage des pauvres, il n'en est pas moins certain qu'elles leur sont plus facilement accessibles qu'aux riches et qu'elles peuvent difficilement exister en dehors de l'état ou de l'esprit de détachement.

Heureux ceux qui sont doux! Etre doux, c'est accepter sans révolte, sans amertume, les épreuves, les luttes, c'est ne ressentir ni colère, ni haine, c'est vaincre l'orgueil et l'amour-propre. Et, chose merveilleuse, de renoncer ainsi à tout nous met en possession de la terre. *Possidebunt terram!*

Ceux qui ne sont pas affranchis de leur moi sont possédés, en effet, par les choses de ce monde. Surmonter les passions, les sentiments humains, c'est briser les chaînes et passer de l'état d'esclave à celui de maître.

Heureux ceux qui pleurent! Quelles sont douces ces larmes! Ce ne sont pas celles du désespoir, ni même celles que l'on verse sur sa propre souffrance. Pleurer d'émotion, d'admiration ou de piété, voilà qui est fécond. La consolation suit de près ces larmes précieuses : *consolabuntur!*

Heureux ceux qui ont faim et soif de la Justice! Qui peut mieux éprouver cette ardente aspiration que le malheureux qui souffre constamment des abus de la force et des excès de pouvoir? Mais ici encore le sentiment est d'autant plus beau qu'il ne procède pas d'un motif égoïste. Vouloir la justice pour tous, même pour celui qui nous est le plus étranger, sacrifier notre propre intérêt et notre repos pour qu'il l'obtienne, voilà qui apaisera notre faim et notre soif : *saturabuntur*.

Heureux les miséricordieux ! A Dieu seul il appartient de juger et de condamner. Pécheurs que nous sommes tous, nous n'avons pas le droit de jeter la première pierre. Réservons nos sévérités pour nous-mêmes et soyons pleins d'indulgence pour le prochain. Nous avons besoin de pardon et nous ne l'obtiendrons que si nous pardonnons.

Heureux ceux qui ont le cœur pur ! Avoir le cœur pur, c'est n'aimer qu'en Dieu et pour Dieu. Toute recherche égoïste altère la pureté, la beauté de l'amour. C'est une flamme qui doit toujours monter. A sa clarté, nous voyons Dieu, *Deum videbunt,* nous le voyons dans ses œuvres, nous voyons son action dans l'humanité, et plus notre vision s'étend, plus nous admirons, plus nous aimons.

Heureux les pacifiques! Je ne suis pas venu apporter la paix, mais la guerre, a cependant dit le Christ dans une autre occasion. C'est qu'il y a paix et paix, la paix qui vient du Ciel et la paix à laquelle le monde prétend et qu'il veut même imposer. Les pacifiques peuvent être d'héroïques guerriers, d'indomptables lutteurs, car il n'y a pas d'accord, de transaction possible entre le bien et le mal, la vérité et l'erreur, la justice et l'arbitraire. Se faire soldat de Dieu pour combattre les bons combats est le premier devoir du chrétien. Mais il ne fait la guerre que pour procurer la paix. Une fois le mal, l'erreur, l'arbitraire vaincus, le bien, la vérité, la justice règneront paisiblement.

Les pacifiques s'arment, non contre les hommes, mais contre les faux dieux qui les asservissent, ils veulent, non dominer, mais affranchir. Ils travaillent à la réalisation du plan divin et c'est pourquoi ils seront appelés fils de Dieu, *filii Dei vocabuntur*.

Heureux ceux qui souffrent persécution pour la justice! c'est le partage des chrétiens qui disent avec l'apôtre : Il vaut mieux obéir à Dieu plutôt qu'aux hommes. C'est sur la prééminence d'une loi qui s'impose à la conscience qu'est fondé le principe de toute liberté, le droit de résister aux volontés injustes et arbitraires. Céder à ces volontés sous le prétexte qu'elles sont l'autorité légale ou qu'il ne faut pas troubler la paix, c'est sacrifier non seulement un bien personnel, mais le patrimoine commun, non seulement le présent, mais l'avenir. Que serait-il advenu si les chrétiens des premiers siècles s'étaient courbés sous le despotisme des empereurs de Rome? Le monde, resté païen, serait tombé dans un état effroyable de corruption. En bravant les injures, les calomnies, les persécutions de tout genre, ils ont fondé l'Eglise et la civilisation. Le même héroïsme s'impose en tous les temps.

Aussi ceux qui acceptent la souffrance sont-ils récompensés de la même manière que ceux qui se résignent à la pauvreté. Le Ciel règne en leurs cœurs, *ipsorum est regnum cælorum*.

Les huit béatitudes qui se résument en ce seul mot, la paix, constituent donc pour les chrétiens en général et particulièrement pour les pauvres, une richesse auprès de laquelle les biens de ce monde ne devraient présenter que bien peu de valeur.

XV

LA grande leçon que la religion donne au monde se résume en ceci : « La vie n'est pas la vie. »

La comprendre est difficile à ceux qui ont en partage la fortune, les honneurs, le pouvoir. Comment se détacher de ce qui procure des satisfactions si vives, des jouissances si variées?

Sans doute la pensée revient forcément à l'esprit du riche que certains de ces biens sont fragiles ou passagers, et qu'un moment viendra où il lui faudra tout quitter. Mais le bruit qu'il fait ou qui se fait autour de

lui l'aide à écarter ces idées importunes.
Cela n'empêche pas qu'il y ait des riches
foncièrement chrétiens, qui profitent des
avantages de leur position sans s'y laisser
absorber et y cherchent moins des joies
égoïstes que le bonheur de répandre
des bienfaits autour d'eux. Ceux-là réa-
lisent avec l'aide de Dieu ce qui, dans
l'ordre naturel, leur était à peu près impos-
sible.

Ne pas aimer la vie lorsqu'elle est une
succession de souffrances et d'amertumes,
regarder au-dessus et au delà pour chercher une compensation immédiate ou
future, cela s'harmonise au contraire très
bien avec les sentiments et les aspirations
ordinaires du cœur humain. A moins qu'il
ne soit aveuglé par l'ignorance ou égaré
par des passions vicieuses, le pauvre est
naturellement religieux.

Visitez les églises aux heures des messes
matinales et à n'importe quelle heure de la
journée, vous y verrez d'abord la foule
des humbles, venus par piété et non pour
suivre une mode ou exhiber d'élégants
costumes et de brillantes toilettes; puis
des fidèles isolés, dont les vêtements usés

ou le deuil, les traits fatigués ou la démarche timide révèlent clairement que ce sont des souffrants, des malheureux. L'ouvrier, l'ouvrière, l'employé, la demoiselle de comptoir, ou la couturière qui se rend à son travail ou en revient, s'arrête, ne fût-ce qu'un instant, et vient puiser au pied du tabernacle le courage et la consolation qui lui sont nécessaires. S'ils restent honnêtes, s'ils dévorent sans révolte les humiliations et les injustices et si, rentrés au logis, ils ont une chanson sur les lèvres et une parole douce ou gaie pour le vieillard et l'enfant, ne cherchez pas ailleurs le secret de leur vertu et de leur sérénité.

Lorsque l'on pense qu'il y a des hommes dont le savoir et le talent s'emploient avec une prédilection cruelle à enlever à ceux pour qui la vie est dure les adoucissements et les forces qu'ils puisent dans la religion, l'image des vautours se précipitant sur des vols de colombes se présente à l'esprit. Mais cette image est bien faible, car les oiseaux de proie suivent leur instinct et ne sont coupables d'aucun crime.

La société dresse des échafauds pour infliger le châtiment suprême à l'homme

qui en enlevant la vie à son semblable ne
fait que l'abréger. Et l'assassin des âmes, le
destructeur de la foi et de l'espérance est
comblé d'honneurs, le poison qu'il distri-
bue lui assure de belles rentes, et sa statue,
lorsqu'il est mort, s'élève sur les places
publiques, encourageant d'autres à suivre
son exemple !

Il ne nous est cependant pas permis de
maudire et à l'exemple du Crucifié, nous
devons implorer la miséricorde divine
pour celui qui peut-être ne sait pas ce qu'il
fait, ne se rend pas compte de ce qu'a
d'horriblement odieux le rôle qu'il remplit.

A vous, chrétiens des classes supérieures, à vous qui disposez de quelque
fortune, ou de l'autorité, ou de l'influence,
d'exercer une action diamétralement oppo-
sée, à défendre le peuple contre une
propagande funeste et à lui assurer au
contraire les biens spirituels qui sont à la
fois l'adoucissement de ses peines et votre
sauvegarde.

Ce que chacun pourrait faire isolément
serait peu de chose. Mais aujourd'hui, les
associations, les œuvres se multiplient,
rendant social et intellectuel l'apostolat

religieux. Dans la mesure du temps et des ressources dont on dispose, il faut apporter à quelques-unes au moins un concours actif et généreux.

La religion est nécessaire à tous, elle est le patrimoine commun. Elle seule réalise vraiment entre les fidèles qui prient dans le même temple, suivent le même enseignement et s'assoient au même banquet sacré, l'égalité et la fraternité. Elle seule préserve la liberté de la tyrannie et de la licence. Mais les déshérités de la vie peuvent beaucoup moins s'en passer que les favorisés du sort. Leur en assurer la possession est le premier devoir de toute classe supérieure, de toute nation, de tout gouvernement.

Nous pensons avoir démontré sans peine cette troisième partie de notre thèse, que les biens spirituels, sans être l'apanage exclusif des pauvres, puisque Dieu veut toutes les âmes à lui, leur sont répartis avec une particulière abondance, comme pour les dédommager dès ce monde des peines temporelles qu'ils éprouvent.

Il doit suffire certainement de ces biens, gages, pour les croyants, d'une éternité heureuse, pour persuader aux pauvres que les vrais riches, c'est eux, qu'ils sont la portion choisie du troupeau et ont la part la meilleure.

Mais la jouissance légitime des biens naturels et des biens intellectuels ne doit pas être oubliée. Aussi nous proposons-nous de résumer, pour le lecteur qui aura bien voulu nous suivre jusqu'ici, cet inventaire des richesses du pauvre.

RÉSUMÉ

Reprenons, pour en montrer l'enchaîne-
ment et l'ensemble, chacune des
idées développées au cours des quinze
entretiens précédents.

I

L'inégalité des conditions de l'homme
sur la terre crée un problème auquel le
christianisme et le socialisme proposent
des solutions opposées. Tout en repoussant la seconde, beaucoup de chrétiens
n'apprécient pas à leur juste valeur de

vrais biens qui sont à leur portée et se
laissent absorber par la poursuite d'autres
qu'ils n'atteignent pas ou dont la possession ne leur donne pas le bonheur qu'ils
espèrent. Comme il résulte de cette erreur
que l'on est plus malheureux ou que l'on
n'est pas aussi heureux qu'on le devrait,
un inventaire va être esquissé des richesses
qu'un Dieu infiniment bon met à la disposition de tous les hommes et en particulier
de ceux qu'il éclaire de sa lumière.

Ces richesses sont de trois ordres : biens
naturels, biens intellectuels, biens spirituels.

II

Par pauvreté, il ne faut pas entendre la
misère, qui est atroce, mais le détachement
volontaire dont le Christ a donné l'exemple, pour lequel des saints et des légions
de religieux se sont passionnés et que des
riches même peuvent, par une grâce
exceptionnelle, pratiquer. La vocation
dont la pauvreté est l'objet lui enlève le
caractère dégradant que le monde lui
attribue. Elle invite ceux qui ont peu à
l'acceptation de leur sort et les détenteurs

de la richesse à en user avec modération et générosité. L'esprit de pauvreté est le vrai moyen de combattre la misère.

III

Les biens naturels tels que les facultés physiques, la santé, les affections sont donnés à tous et sont précaires pour tous également, et il semble que, mieux que le riche, le pauvre est appelé à en jouir.

IV

Le vaste et magnifique domaine de la nature appartient au pauvre bien mieux qu'au Crésus qui s'absorbe dans la jouissance égoïste de ses biens personnels.

La possession d'un foyer est cependant un besoin légitime que des lois et des institutions protectrices doivent aider à satisfaire.

V

Chez lui, le pauvre aura pour luxe l'ordre et la propreté. Le choix d'une compagne sera dicté pour lui par le cœur et la raison. Pour assurer l'équilibre de son modeste

budget, il chargera sa femme des finances
et fera de bonne politique en étant laborieux et sobre. L'éducation sera suivie de
très près et sera l'œuvre commune. Une
vie régulière, une bonne hygiène, une
sobriété absolue, assureront à tous, autant
que possible, la conservation de la santé.

VI

La connaissance de la langue maternelle
est indispensable et elle comprend d'abord
la faculté de lire avec intelligence et profit.
Dans le budget le plus resserré on fera une
petite place pour le pain intellectuel, pour
commencer une bibliothèque et recevoir
un journal. Le liseur ne sera pas égoïste,
mais signalera ce qu'il aura appris d'intéressant ou d'utile à ses proches, à ses amis.
On peut arriver ainsi à former, entre
voisins, de petits cercles d'études.

VII

Les membres de ces associations s'exer-
ceront par la parole et la plume. Ils
banniront de leur langage les expressions
grossières ou triviales et se rapprocheront

ainsi, mieux qu'en gagnant de l'argent, des personnes dont on dit qu'elles sont « comme il faut ». De savoir parler et écrire est la source de nombreuses satisfactions intellectuelles, et même de satisfactions morales, telles que de rendre des services au groupe, à la communauté dont on fait partie. Les plus humbles prolétaires peuvent devenir les premiers ouvriers des réformes et des progrès.

VIII

Il ne s'agit pas de beaucoup lire, mais de bien lire, en donnant la préférence à ce qui profite le plus à l'intelligence, au cœur, à l'âme.

Vu l'impossibilité de beaucoup embrasser, les aptitudes et les inclinations détermineront le choix de tel et tel genres d'études : histoire, politique, voyages, philosophie, théologie, sciences, littérature. Ce sont autant de mines d'or et de pierres précieuses. Puisqu'il faut se limiter à une ou deux, la meilleure règle à suivre sera de choisir ce qui, en nous profitant le mieux, sera le plus utile à autrui.

IX

L'humble ouvrier de la pensée imitera l'abeille et apportera à la ruche humaine ce qu'il aura trouvé, au cours de ses lectures, de bon, de vrai et de beau.

Le meilleur moyen de récolter le miel, c'est de lire la plume à la main, de résumer l'idée principale, les pensées maîtresses de chaque ouvrage. Il est bon d'ajouter à ces extraits des réflexions, des critiques, des développements.

Il faut se garder, cependant, de se laisser absorber par les livres. Nous avons à remonter aux sources où les meilleurs ont été puisés, à étudier directement l'humanité et la nature.

X

Pour la science sociale comme pour les sciences naturelles, la méthode la meilleure est celle de l'observation, la méthode expérimentale.

La documentation s'établit au moyen de monographies. Elles s'appliquent aux familles, aux communautés locales, aux métiers, aux industries agricoles ou manufacturières, aux divers genres de commerce, et tous ceux qui travaillent et luttent dans un groupement peuvent apporter les éléments que les plus aptes synthétiseront.

Le livre de la nature s'ouvre tout grand devant nous, et nous pouvons apprendre à en lire au moins telle ou telle page. Dès l'enfance on peut commencer à épeler l'une ou l'autre en collectionnant des insectes, des coquillages, des plantes. Les instituteurs comme les parents favoriseraient ce goût par la création de petits musées scolaires ou domestiques.

Les applications de la science à l'agriculture, à l'élevage, à l'industrie ouvrent d'autres carrières encore aux esprits studieux.

Les biens intellectuels passés en revue, n'étant pas de ceux qui s'achètent à prix d'or, font partie des richesses du pauvre.

XI

Le pauvre ne serait pas trop à plaindre s'il devait se contenter du beau dans la nature. Cependant il serait malheureux qu'il fût privé des créations artistiques qui, en idéalisant le réel, en y ajoutant les conceptions de l'esprit et en élargissant le champ de ce que nous avons pu voir de nos yeux, procurent de vives satisfactions. Mais, d'abord, l'art ne lui est pas interdit, le don d'en haut pouvant être donné au plus humble.

Puis, il n'est pas nécessaire d'être artiste pour avoir des jouissances esthétiques; c'est aussi une faculté innée.

Il n'est pas de centre civilisé où l'on ne puisse se procurer gratuitement des satisfactions de cet ordre, s'alliant ou s'ajoutant aux joies de l'esprit.

Les pauvres sont particulièrement redevables à l'Eglise de se trouver comme chez eux au milieu des magnificences de l'architecture, de la peinture, de la musique. C'est dans l'art religieux que l'union du vrai, du bien et du beau a trouvé ses formes les plus sublimes.

XII

A chaque page de l'Evangile, la pauvreté est représentée comme la condition la plus favorable à la réception des faveurs divines. Non seulement les paroles du Sauveur sont remplies pour le pauvre de consolations et d'ineffables promesses, mais l'exemple de sa vie est la prédication du plus complet détachement.

XIII

La première des huit promesses du sermon sur la montagne annonce, en échange de biens périssables, un royaume éternel.

Ce royaume, ce ciel, commence dans le temps. La pauvreté, volontaire ou acceptée, a pour fruit la paix, dont la compagne inséparable est la satisfaction de la conscience. Dans de telles conditions, la vie qui passe s'harmonise avec les desseins éternels et le seul bonheur qu'il dépende de nous de posséder ici-bas nous est assuré.

XIV

La paix s'obtient surtout par le détachement, mais elle a encore d'autres sources, indiquées avec les autres béatitudes : la douceur, les larmes, la soif de la justice, l'esprit de miséricorde, la pureté du cœur, l'esprit de pacification, l'esprit de sainte liberté.

Les huit béatitudes résumées dans la paix constituent pour les chrétiens en général et en particulier pour les pauvres une richesse en regard de laquelle les biens de ce monde paraissent peu de chose.

XV

Il est difficile de faire comprendre à ceux qui ont en partage la fortune, les honneurs, le pouvoir, que la vie n'est pas la vie. Lorsque l'on souffre et que l'on est privé des biens terrestres, il est naturel au contraire de chercher au-dessus ou au delà une compensation immédiate ou future. Le pauvre a besoin de la religion et, vouloir la lui enlever, c'est en même temps détruire une sauvegarde et commettre un crime. Il appartiendrait aux chrétiens des classes supérieures de travailler à lui assurer les biens spirituels. Les associations, les œuvres facilitent ce devoir, et permettent à toute bonne volonté de concourir à

l'action sociale, au progrès intellectuel et
à l'apostolat religieux.

* *

Notre tâche est achevée. Si nous avons
pu rendre plus sensible à quelques lecteurs
cette vérité que les véritables biens, les
vraies richesses, sont, au moins pour une
portion suffisants à un bonheur relatif, à la
portée de tous, et forment le patrimoine
commun de l'humanité chrétienne, nous
verrons là l'indice que la voix qui parle
dans le secret de l'âme aura suppléé à
l'indigence du verbe extérieur, et nous en
bénirons Dieu.

AVIGNON, IMP. AUBANEL FRÈRES.

AUBANEL FRÈRES
AVIGNON

LUISE CE QUI EST BEAU

www.ingramcontent.com/pod-product-compliance
Lightning Source LLC
Chambersburg PA
CBHW052057270326
41931CB00012B/2787